CLÉMENT LAURIER

SIMPLE

ENTRETIEN

AVEC

UN PRÉFET DE L'EMPIRE

PARIS

CHEZ TOUS LES LIBRAIRES

1867

Tous droits de traduction et de reproduction réservés

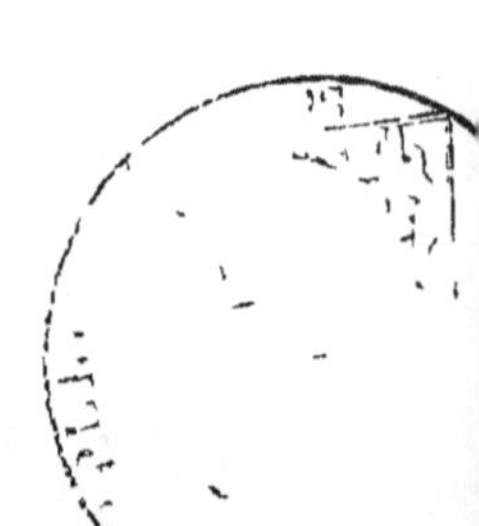

A MON MAITRE

M. ADOLPHE CRÉMIEUX

ANCIEN MEMBRE DU GOUVERNEMENT PROVISOIRE

ANCIEN MINISTRE DE LA RÉPUBLIQUE

AVOCAT DU BARREAU DE PARIS

SIMPLE ENTRETIEN

AVEC UN PRÉFET DE L'EMPIRE

J'ai eu l'honneur de dîner l'autre jour avec un préfet de l'Empire. Ce n'était ni chez lui ni chez moi. Ce préfet n'est ni un homme d'esprit ni un sot, — comme il arrive, — et, chose rare, il a le bon goût de ne point exiger de respect des gens qui n'ont pas le respect facile. Il est très-aimable, très-homme du monde, au fond médiocre, mais possédé du désir de ne pas déplaire. A première vue, ce personnage me fut sympathique, justement parce qu'il ne cherchait pas à être un personnage. Il faut bien dire que, dans le lieu où nous nous trouvions, tout portait à la bienveillance. La maîtresse de la maison était charmante, sans affectation, sans opinion politique, comme il sied à une maîtresse de maison. Elle nous avait présentés l'un à l'autre, en souriant et sans malice. Peu à peu, les invités se répandirent dans les deux salons.

On nous permit, à M. le préfet et à moi, de rester au fumoir. La chambre était chaude, les cigares excellents, si bien que, au bout d'une demi-heure, nous nous trouvâmes dans une parfaite disposition d'esprit pour causer.

— Avouez, me dit-il, que la lettre du 19 janvier dérange toutes vos combinaisons et déconcerte toutes vos espérances?

— Monsieur le préfet, répondis-je, je n'ai jamais rien combiné, et voilà longtemps déjà que je n'espère plus.

— Tenez, ne jouons pas au fin. Parlons franc. L'Empire n'a pas eu le don de vous plaire Vous êtes jeune, parleur, peut-être écrivain. Il vous était désagréable de ne pas assez parler et de ne pas écrire du tout. Mais voici que les temps sont changés. L'Empereur est attentif au mouvement des opinions. Il a vu que le pays, après quinze ans d'apaisement et de silence, désirait une extension de ses franchises. Aussitôt il vous lâche la bride. Des lois vont être faites, qui vous donneront la liberté de la presse. le droit de réunion, tout cela non pas absolu. mais relatif; que vous faut-il de plus? Vous n'êtes apparemment pas de ces casse-cou qui prétendraient, sans transition, aller à tout dire, ce qui est le chemin de tout faire. Ralliez-vous donc. L'Empire est aujourd'hui fondé, que vous le vouliez ou que vous ne le vouliez pas. Cependant, si bien fondé qu'il soit, un gouvernement cherche toujours à n'avoir pas pour ennemis les hommes qui ont entre trente et quarante ans, et représentent en somme les forces vives de la nation. Les vieux partis ont fait leur temps, et l'Empire ne redoute rien d'eux. Les républicains de 1848 sont presque tous morts; ceux qui ne le sont pas se survivent, et la France en veut moins que jamais; les partisans du duc de Bordeaux se sont pour la plupart ralliés à nous au lendemain du 2 Décembre, sauf un petit état-major personnel, infiniment vieilli et non moins respectable; mais enfin la légitimité n'est plus une opinion, c'est un bric-à-brac.

Ici j'interrompis l'aimable causeur pour lui dire que bric-à-brac me semblait irrévérencieux et que j'aimerais mieux relique.

— Soit, me dit-il, va pour relique, puisque relique il y a. Toujours est-il que cette relique n'a plus l'ombre de vertu. Restent les orléanistes. Ceux-là étaient des adversaires sérieux et encore debout. Mais, ne vous y trompez point, ils viennent de perdre leur dernière chance. Les princes d'Orléans sont gens d'esprit et de courage, l'Empereur le sait mieux que personne; ils ont été l'ennemi, ils ne le sont plus; nous leur avons enlevé leurs troupes, en les attirant à nous par des concessions libérales, et ils restent à l'état de généraux sans armées. Il est donc clair qu'a moins de fanatisme ou de piété rétrospective, les hommes de votre génération ne peuvent plus se dispenser de venir à nous.

Ce fonctionnaire m'étonnait par la netteté coupante de ses discours. Je crus le moment venu de l'arrêter.

— Il me semble, lui dis-je, que vous traitez légèrement les vieux partis, et qu'il y a là des morts qui se portent assez bien. Prenez les articles de vos journalistes et les réquisitoires de vos substituts, vous y verrez, pour ce qui concerne les républicains, que Catilina n'est pas loin de nos portes, et, pour ce qui regarde les orléanistes, que les anciens électeurs de M. Guizot menacent aussi de devenir des factieux. M. Limayrac ne cesse de faire des variations sur ce double thème.

— Limayrac n'est pas sérieux, dit l'autre en se renversant dans son fauteuil.

— Soit; mais ce qui est sérieux, et plus qu'il ne le dit, c'est le malaise qui règne dans une partie de la population. Vous vous faites trop beau-jeu avec le mot orléaniste. Mais laissez-moi vous déclarer d'abord que, de quelque façon qu'on l'entende, il ne m'est point applicable. S'il ne me convient pas de vous faire connaître ce que je suis, je puis bien vous dire ce que je ne suis pas. Donc, je ne suis pas orléaniste, et vous verrez pourquoi tout à l'heure ; mais cela n'empêche pas l'orléanisme d'être pour vous un ennemi redoutable et encore debout. Définissons-le maintenant, pour échapper à la confusion des mots, source de discussions éternelles. Si, par orléaniste, vous entendez un homme prêt à subir l'épreuve du feu et de l'eau pour son roi, je tombe d'accord avec vous qu'il n'y a plus guère d'orléanistes, je pense même qu'il n'y en a jamais eu. Le grand art des légitimistes, j'entends de ceux qui connaissaient la matière, a été de faire d'un homme appelé roi un principe : de lui enlever sa personnalité, pour l'absorber dans une formule religieuse. Cette doctrine, qui fait sourire les incrédules comme vous et moi, a été admirablement inventée et machinée. Bossuet, pour ne parler que de lui, l'a développée et portée à un point de rare perfection dans sa *Politique tirée de l'Écriture*. Les bourgeois de 1789, fils de Voltaire, homme de moins grande allure que Bossuet, mais autrement utile à l'humanité, ont changé tout cela.

Le droit divin est devenu lettre morte pour eux.
Trois fois, depuis la grande révolution, il a essayé de reparaître, trois fois il a fait faillite. On
peut donc dire, sans trop de présomption, que
sa ruine est consommée et qu'il faut que, désormais, le pouvoir monarchique cherche une
autre raison sociale. Mais pour les orléanistes,
c'est autre chose. Ils ne sont gens ni de forme,
ni de formule : ce sont des praticiens, des em-
piriques, qui recherchent l'utile par dessus
tout, dont la religion consiste à n'avoir point de
religion, et qui, s'ils l'osaient, se vanteraient de
manquer de principes. Qu'ils s'en vantent ou
non, il est certain qu'ils n'en ont point, ou du
moins qu'ils éliminent, de ce qu'ils appellent
leurs principes, tout ce qui contrarie leur intérêt. Ils jugent en fait, comme on dit au palais.

Ici, M. le préfet me remercia par un sourire.

Je continuai :

— Tout cela est vrai, mais ce qui est faux
et absurde, c'est de comprendre de tels hommes dans une désignation de parti qui im-
plique une sorte de dévotion envers telle ou
telle personne. Ceux que vous appelez orléanistes ne croient pas plus à M. le comte de Paris
qu'à M. le comte de Chambord. Ils croient à
leur intérêt, et ils sont variables comme lui. En

temps de révolution, ils naviguent au plus près, attendant des vents meilleurs : au mois de mars 1848, ils votent pour Lamartine; en juin, pour Cavaignac; le 2 Décembre, pour l'Empereur; aujourd'hui, ils voteraient tous pour M. Thiers. Essayons donc, pour être justes, d'appeler les orléanistes de leur vrai nom; ils se nomment la bourgeoisie, ou, si vous aimez mieux, les classes moyennes.

— Eh bien! orléanistes, classes moyennes ou bourgeoisie, peu importe. Je reconnais avec vous qu'il y avait là un élément d'opinion à satisfaire, reconnaissez avec moi qu'il doit être satisfait.

— Je le reconnaîtrai peut-être plus tard. Je constate en ce moment, et vous avouez vous-même, qu'il y avait matière à mécontentement. Ce que vous ne sauriez croire, c'est jusqu'où ce mécontentement était porté.

— En vérité, je ne vous comprends plus; vous venez de me dire que la bourgeoisie a voté pour l'Empire au 2 Décembre, les élections attestent que depuis elle a voté pour les candidats de l'Empereur, et vous prétendez qu'elle est mécontente! Il y a contradiction.

— Ceci, monsieur, est un raisonnement à la Limayrac, permettez-moi et surtout excusez la comparaison. Nous sommes convenus de causer de bonne foi; si vous me répondez par des articles du *Constitutionnel*, je me tais. Voulez-vous me laisser vous analyser, à ma façon, le rôle de la bourgeoisie avant et après le 2 Décembre? nous verrons par là ce qu'elle demande, ce qu'on lui offre et si elle peut en être contente.

Mon contradicteur tendit l'oreille :

— Les classes moyennes ont eu véritablement le gouvernement de leur choix en 1830. Le roi Louis-Philippe répondait à toutes leurs aptitudes et à tous leurs besoins. On le querellait un peu, ce bon roi, ou plutôt on se querellait autour de lui; mais, au fond, on était ravi de l'état des choses. Le commerce allait bien; il y avait dans les affaires une vraie sécurité, j'entends la sécurité à long terme, car on s'endormait en paix, et Dieu sait qu'on était sur de ne pas se réveiller en guerre; la bourgeoisie, qui ne peut pas vivre sans places, les occupait toutes; on jouissait d'une grande liberté de presse; on faisait de l'opposition par passe-temps, par ambition personnelle, quelques-uns poussant la chevalerie jusqu'à se dire républicains, tant on croyait que le mot tirait peu à conséquence; enfin, on avait toutes les joies et l'on croyait s'être assuré toutes les tranquillités. De temps en temps une émeute, une conspiration, ces jours-là tranchaient sur la sérénité habituelle des événements, mais force restait toujours à la loi. On vainquait sans péril et on triomphait avec gloire! Je conviens que c'était le bon temps! Ces honnêtes gens ne voyaient pas venir la république, et pourtant la république arriva. Qui fut penaud? Le bourgeois de Paris et d'ailleurs, celui-là même qui la veille se plaisait à se dire républicain, et qui, dans cet effondrement inattendu, reculait épouvanté en voyant jaillir le flot souterrain de la démocratie.

— C'est là que je vous attendais, cher monsieur. Pensez-vous que la bourgeoisie désire revenir aux jours troublés de 1848, et que la démocratie lui paraisse moins menaçante qu'à cette époque?

— Je n'en suis pas encore à ce point; veuillez suivre mon raisonnement. La république de Février fut une honnête personne, à la conscience droite, aux mains propres, vigoureusement attaquée, mollement défendue, souvent trahie, qui fit peur à beaucoup, mais qui ne fit de mal à personne, si ce n'est aux républicains.

— Ignorez-vous que le mal de la peur est le plus grand des maux?

— Si nous l'avions ignoré vous nous l'auriez

bien fait voir. Les classes moyennes, folles d'ef-
froi, reniant toutes leurs traditions, se tour-
nèrent accroupies vers les dieux de la servitude.
Il semblait que la démocratie allait tout englou-
tir; on jetait les libertés à la mer, non pas seulement pour soulager le bateau, mais à titre
d'humiliation publique; si bien qu'on vit l'équipage, un équipage de vieux voltairiens, pro-
mettre des cierges à la madone et faire vœu
d'entrer au séminaire. Il est vrai qu'ils n'y en-
trèrent point, mais ce fut une répudiation effron-
tée, une orgie de repentir que l'épouvante
explique sans l'excuser. A travers tant de peurs,
de trahisons et de tutelles, la république ne
pouvait durer. Elle a peu vécu, étant morte à
neuf mois et demi. On l'a enterrée trois ans plus
tard, un peu violemment; mais il est clair, pour
ceux qui l'ont connue, que son décès remonte au
10 décembre 1848. A dater de ce moment, la
bourgeoisie était prête à appuyer quiconque por-
terait la main sur les libertés publiques.

— Voilà un beau discours contre les classes
moyennes; on dirait un réquisitoire.

— Je ne requiers point, monsieur le préfet,
je constate, *scribitur ad narrandum*. Êtes-vous
d'accord avec moi sur la narration?

— Parfaitement, et j'en tire cette conclusion

que la République a été mille fois folle de déclarer la guerre aux classes moyennes.

— Je crois plutôt que ce sont les classes moyennes qui ont déclaré la guerre à la République ; mais elles en sont assez punies pour que je n'aie pas la cruauté d'insister. Elles ont d'ailleurs cette qualité, à travers leurs défauts, qu'elles sont invinciblement ramenées à demander la liberté, par l'excellente raison qu'elles ne sauraient s'en passer, sauf aux jours de grande terreur ; et, ces jours-là, elles peuvent invoquer pour elles l'irresponsabilité de la panique.

— Mais, pensez-vous que la panique, comme vous l'appelez, ne fut pas légitime ? J'en connais, et des plus braves, qui ont eu peur en 1848.

— Monsieur le préfet, la bravoure est une chose tout à fait relative ; rappelez-vous que Henri IV disait à un courtisan qui se vantait d'être inaccessible à la peur : « Vous n'avez donc jamais mouché la chandelle avec vos doigts ? » L'important est de n'avoir peur qu'à propos et en connaissance de cause ; et, ce que je reproche à la bourgeoisie, c'est moins d'avoir manqué de courage, que d'avoir manqué de discernement.

— Je soutiens, moi, que les hommes qui, en juin 1848, ont attaqué les lois de leur pays à

main armée, au nom des doctrines les plus sub-
versives et les plus niaises, sont de véritables
bandits, et je m'étonne que vous paraissiez vous
faire leur avocat.

— Monsieur le préfet, je ne me ferai jamais
l'avocat des gens qui attaquent les lois de leur
pays à main armée, et je ne voudrais pas vous
exposer à causer avec un socialiste...

— Vous n'êtes pas socialiste, au moins, je re-
tiens cet aveu ; c'est toujours quelque chose.

— Cela dépend.

— Et de quoi cela dépend-il?

— De la façon dont vous entendez le mot
socialiste. Tout homme qui touche à la politique un peu sérieusement doit la considérer
comme un moyen de faire prévaloir ses opinions,
dans les questions sociales. Le temps est passé
des discussions platoniques et purement ora-
toires. Dans cette acception, je suis socialiste, et
tout homme de sens doit l'être. Où je ne le suis
plus, où je ne l'eusse certainement pas été en
1848, c'est quand il s'agit de s'emparer du
gouvernement, pour résoudre par l'autorité supérieure de l'Etat des questions qui ne peuvent
tenir leur vraie et définitive solution que de la
liberté.

— Hé quoi! si le chef de l'Etat est convaincu

que telle mesure économique est bonne à prendre dans l'intérêt des ouvriers, vous ne voulez pas qu'elle soit prise ?

— Voyez où l'on peut aller, monsieur le préfet, avec des expressions mal définies, et Dieu sait que le socialisme est de celles-là ! Où je cesse d'être socialiste, vous commencez à le devenir. Cette absence de définition dans les termes a bien cet avantage, qu'elle permet de condamner, sans savoir comment, des gens qui écrivent ou combattent sans savoir pourquoi ; mais ceci n'est plus de la politique au sens moderne du mot, c'est du Machiavel tout pur. Laissons cela, et revenons aux classes moyennes : elles ont eu peur de la République et se sont jetées dans les bras du 2 Décembre, rien de plus clair.

— Et cela suffit pour que j'aie raison.

— Provisoirement, mais attendez la fin. Le coup d'État du 2 Décembre délivra la bourgeoisie du mal de la peur ; et, tout d'abord, elle ne s'en tint pas de joie. Elle ne marchanda à son libérateur ni sa reconnaissance ni ses suffrages, votant et faisant voter pour lui. Elle l'avait président pour dix années. elle le voulut empereur. Napoléon Bonaparte, de son côté, agit en homme qui sait son monde et la politique. Il sentit à merveille, dès le premier moment, que la bourgeoisie, si bien disposée qu'elle fût, n'offrait pas une base assez large pour fonder un gouvernement. Il eut donc l'art de faire contre elle le coup d'État qu'il paraissait accomplir à son profit. N'oubliez pas que le motif allégué du 2 Décembre fut le besoin de reconquérir le suffrage universel entamé par une loi de l'Assemblée législative, et que c'est au nom de ce suffrage restitué que le futur empereur lança ses proclamations. La bourgeoisie n'y prit garde, tant elle était ivre ; mais ce fait, qui passa inaperçu dans la folie de la délivrance, n'en est pas moins digne de remarque. En somme, et à ne tenir compte que de la réalité, l'Empereur fonda et la bourgeoisie laissa fonder un gouvernement personnel. Quelques mauvaises langues. au sortir de Mazas, où il avait bien fallu les mettre, crièrent qu'on avait été un peu loin dans la voie des abdications libérales. Nul ne les écouta, et, misère des misères ! M. Granier de Cassagnac fut chargé de faire rire le peuple aux dépens de ce beau monde. Aux quelques-uns qui parlaient encore du droit de réunion, on répondait : Vous regrettez donc les clubs ! Grand merci ! nous en sommes revenus et délivrés, nous autres. A ceux qui laissaient échapper quelques timides réclamations en faveur de la liberté de la presse, on répliquait qu'on en avait assez du *Père Duchêne* et de *l'Aimable Faubourien, journal de la Canaille.*

L'Empire était établi. Pendant quelque temps tout alla bien, et ce fut comme une lune de miel. Un beau jour, M. Benoît, bourgeois de partout, se réveilla mécontent de son garde champêtre. Il s'en alla porter plainte chez son préfet, qui ne l'écouta guère. Il eut immédiatement l'idée de recourir à la presse, et c'est alors qu'il s'aperçut qu'en enlevant la liberté d'écrire au *Journal de la Canaille*, on ne l'avait pas laissée au *Journal des Débats*. Cette découverte lui fut amère, car il consentait bien à ce qu'on bâillonnât ses adversaires, mais il lui déplaisait fort d'être bàillonné lui-même. Une autre fois, il voulut se porter candidat au conseil d'arrondissement. Son sous-préfet, en souvenir de ce que le malheureux avait essayé de se plaindre d'un garde champêtre, le signala comme un orléaniste et ne voulut point le porter sur la liste du gouvernement. Il essaya de lutter, nous savons avec quel succès. Il fit une circulaire pleine de l'expression de son dévouement pour l'empereur, mais dans laquelle il insinuait que l'autorité centrale pesait fort mal à propos sur les affaires du village, et qu'il serait peut-être séant de lais-

ser les gens du pays s'administrer eux-mêmes :
c'est ici qu'on le malmena de la belle façon ; le
journal de la préfecture l'appela « *vieux parti* »,
on entrava la propagation de sa circulaire, et il
fut arrêté lui-même, comme il distribuait ses
bulletins à la porte de la mairie ; — à la suite de
quoi, M. Benoît se prit à penser qu'il n'est pas
sans inconvénients de jeter à l'eau les principes
de 1789.

— Il est impossible, monsieur, de continuer
l'entretien sur ce ton, malgré la bonne volonté
que j'aurais de vous entendre.

— Monsieur le préfet, je croyais que la meil-
leure manière de dire la vérité, en cette matière,
était de la dire en riant ; mais, avant tout, je tiens
à ne pas vous désobliger, et je vais devenir sérieux comme un de vos discours au conseil gé-
néral. Donc le bourgeois, qui est propriétaire,
qui possède des prés, des maisons et des vignes,
a, plus que personne, besoin de liberté. Pour le
prolétaire, la liberté est un besoin aussi, mais
elle est surtout un principe et un hommage
rendu au droit des riches. Là où l'ouvrier se
sert une fois de la liberté politique, le bourgeois
en use cent fois ; c'est donc à lui de la défendre,
car elle est plus particulièrement son patrimoine.
Il l'a mal défendue, mais il ne la regrette pas

moins vivement. Je le comparerais volontiers à un malade atteint d'une fluxion de poitrine. On vous le couche et on fait venir le docteur Bouillaud, qui le saigne comme le docteur Bouillaud sait saigner. Notre homme ne dit mot, il endure, sachant que c'est pour son bien. Le voilà sur pieds après quinze jours de traitement. Imaginez que le docteur Bouillaud revienne, sa lancette à la main, pour lui tirer encore du sang dans sa convalescence, puis après la guérison. Le pleurétique ressuscité ne voudra plus en entendre parler, et je ne vois pas qu'il ait grand tort. Ce pleurétique, c'est mon bourgeois, et vous êtes le docteur Bouillaud acharné à saigner un homme bien portant. Vous aurez beau lui dire que le corps humain est sujet aux échauffements, et que vous désirez continuer à le saigner à cause des fluxions de poitrine de l'avenir; il vous résistera, non sans raison, et si vous voulez en venir à bout, il vous faudra lui mettre la camisole de force; mais il n'y a pas de camisole que la rage du patient ne finisse par user, et il s'en débarrassera à la longue, dût-il la déchirer à belles dents.

— Hélas! monsieur, comparaison n'est pas raison; la bourgeoisie n'est pas aussi guérie de sa peur que vous le supposez, et nous ne l'avons pas saignée a blanc ; mais, quoi qu'il en soit convenez que vous faites d'elle un singulier portrait et qui ne la rend point intéressante. Elle n'a su ni garder le roi Louis-Philippe. ni s'accommoder de la République. Si vous dites vrai, il ne reste plus qu'à la considérer comme un élément ingouvernable et turbulent qu'il faut contenir comme le reste.

— Mais ce que vous appelez le reste est incoercible, passé un certain temps. Les classes moyennes en sont la.

— Enfin que concluez-vous quant a elles ?

— Je conclus que, dans un gouvernement quel qu'il soit, elles occupent une grande situation. la première peut-être, parce qu'elles comprennent les gens les plus riches en même temps que les plus instruits, ce qui ne les empêche pas d'être les plus peureux. Leur tort a été de n'avoir pas conscience de l'avénement de la démocratie, de n'avoir pas compris que celle-ci, a travers toutes ses turbulences et toutes ses fautes, représente des droits véritables auxquels il faut que satisfaction soit donnée. La démocratie est née d'hier, elle dispose d'une force effrayante, et on peut aller jusqu'a dire qu'elle est la force même. A cause de cela. elle a troublé tous les esprits ; on a cherché à la contraindre et à la comprimer, au lieu de s'appliquer à faire son éducation politique. C'est la sottise encore plus que le crime de la bourgeoisie de n'avoir pas compris que, sa fortune et son instruction lui assurant la première place, elle ne devait pas persister à demander toute la place. Mais, à ne considérer que l'état actuel de nos mœurs, j'estime qu'il est deux choses également bien démontrées, pour quiconque s'applique à suivre le mouvement social : la première, que les classes moyennes réduites à elles-mêmes ne suffisent pas à soutenir un gouvernement : c'est l'expérience faite sous le roi Louis-Philippe; la seconde, qu'elles suffisent à le renverser : c'est l'expérience faite sous la république de 1848. On ne peut régner ni avec elles seules ni contre elles, et tout le problème politique me paraît consister aujourd'hui à trouver un terme moyen qui leur attribue leur juste part d'influence, en réservant les droits de la démocratie.

— Mais quelle est cette part d'influence? Comment fixer la dose des libertés bourgeoises?

— Rien n'est plus simple. Quand vous voudrez savoir ce que demande la bourgeoisie, consultez M. Thiers, sauf pour la question romaine, où il est en visible désaccord avec la masse de son parti. M. Thiers est le parfait bourgeois.

Il vous dira que les classes moyennes, aujour-
d'hui revenues des terreurs du spectre rouge,
réclament impérieusement la liberté de la presse,
le droit de réunion en matière électorale, et la
responsabilité ministérielle.

— Mais il vaudrait autant que l'empereur ab-
diquât.

— Soyez sûr que ce n'est pas son avis : il
vaut toujours mieux ne pas abdiquer.

— Mais comment entendez-vous ces libertés?
Le gouvernement paraît bien décidé à ne pas les
accorder absolues; jusqu'où ira le relatif? Pensez-vous, par exemple, que la responsabilité ministérielle, qui est l'expression du gouvernement parlementaire, puisse s'accorder avec les
institutions impériales?

— Il n'est rien qui ne puisse s'accorder avec
les institutions impériales, puisque ce que vous
appelez de ce nom n'est, à proprement parler
que la faculté de tout faire accordée au souverain. Ce sont là des mots, toujours des mots. La
responsabilité ministérielle est une idée et une
idée juste. Il ne suffit pas de rayer un mot du
dictionnaire pour supprimer la chose dont ce
mot n'était que le signe, et tous les décrets du
monde ne sauraient prévaloir contre des nécessités politiques clairement démontrées. Prenons

pour exemple l'abolition de a tribune. Qu'est-
ce que la tribune? Une estrade sur laquelle
monte l'orateur afin d'être mieux entendu. Elle
a été dressée moins pour celui qui parle que
pour ceux qui écoutent, et tant qu'on aura à parler et à écouter, cet escabeau sera réputé un ins-
trument commode. Mais voici qu'en 1848 on y
avait mal parlé, à ce qu'il paraît. Était-ce la
faute de l'escabeau? Antoine et sa femme, qui
n'aimaient pas non plus les parleurs, en leur
temps, y mirent infiniment plus de logique.
Après l'assassinat de Cicéron, ils firent attacher
sa tête et ses mains à la tribune aux harangues,
mais ils laissèrent la tribune où elle était. Le
lendemain du 2 décembre on détruisit la nôtre.
A quoi bon, puisqu'on maintenait une chambre
des députés telle quelle? Et cependant, cette
destruction de la tribune devint un article de foi
du *Credo* impérialiste, et il nous a été donné de
voir condamner à l'exil un morceau de marbre
et quatre morceaux de bois. Il n'y a de politique qui tienne, cette proscription était puérile.
Au bout de quatorze ans on a trouvé que la tribune était plus commode pour tout le monde,
on l'a rétablie, et on n'en parle ni mieux ni plus
mal. Ceci est une petite chose, la responsabilité
ministérielle en est une grande, mais dont, en

saine raison, on peut encore moins se passer ;
j'ajoute que l'intérêt évident de l'Empereur est
qu'on ne s'en passe point. Dans l'état actuel
de nos institutions, qu'arrive-t-il ? L'Empereur
est censé tout faire ; — ce n'est qu'une fiction,
— et je l'en félicite, mais il est responsable
de tout.

— Et quel inconvénient y voyez-vous ? N'est-
ce pas une autre fiction, et bien plus éloignée
de la vérité que celle qui consiste à déclarer le
souverain irresponsable ?

— D'accord ; qu'on dise comme en 1830 :
« Le roi règne et ne gouverne pas, » ou comme
aujourd'hui : « L'Empereur règne et gouverne, » au point de vue de la responsabilité
effective, c'est tout un.

— Comment l'entendez-vous ?

— J'entends que la question de responsabilité, sous une monarchie, ne peut guère être
posée que lorsque le peuple intervient violemment dans les affaires, et alors l'irresponsabilité
de texte disparaît devant la responsabilité de
fait, comme il est arrivé au roi Louis-Philippe.
La république a donc eu raison de déclarer le
président responsable, et l'Empereur a très-
logiquement agi en maintenant cette disposition
dans la constitution. Le plus sage, en 1848, eût

été de faire naître le pouvoir exécutif du pouvoir législatif, dont il eût été l'émanation subordonnée. De la sorte, on eût échappé à de terribles conflits. Un des cœurs les plus nobles, un des cerveaux les plus justes de la démocratie, le représentant du peuple Grévy, avait présenté un amendement en ce sens. Il fut rejeté, mais nous sommes loin de ce temps ; et il faut savoir prendre les choses comme on nous les a faites. L'Empereur est donc responsable, il a voulu l'être, et il fallait bien qu'il le fût, puisqu'il se réservait toute l'initiative et toute l'action. Mais ce système, poussé à bout, ne laisse pas que d'avoir de graves inconvénients.

— Trouvez-moi un système qui n'en ait pas.

— Sans doute, ils en ont tous ; mais je vous défie de m'en montrer un qui en ait de pareils. La puissance exécutive se répartit entre les divers fonctionnaires, qui sont les instruments du prince ; la responsabilité ne se répartit pas, elle reste entière attachée au souverain. Sous un régime d'autorité à outrance, il devait arriver et il est arrivé que les fonctionnaires ont constamment découvert l'Empereur. Armés par délégation d'une puissance illimitée et comme d'un blanc-seing, ils ont, à tout propos, donné sa signature. Dans les plus minces affaires, les préfets, qui, après tout, ne sont pas des anges, n'ont pas su résister au plaisir de mettre en avant ce nom puissant qui écrasait tout. C'est en matière électorale principalement que l'abus a été manifeste. Dès qu'un candidat a déposé le serment solennel et préalable, n'est-il pas souverainement impolitique de le traiter comme un ennemi irréconciliable, au moment même où on exige qu'il se présente comme un adversaire réconcilié? A quoi bon réunir le ban et l'arrière-ban des fonctionnaires pour leur intimer un ordre de vote? Pourquoi, à tout propos et hors de propos, jeter le poids de l'autorité impériale, dans la balance d'un candidat, que les électeurs trouveraient apparemment trop léger, puisqu'il a besoin d'être appuyé de la sorte?

— Permettez, monsieur le professeur de politique et d'histoire, vous me paraissez oublier que les gouvernements antérieurs ne se sont pas fait faute d'avoir des candidats et d'imposer leurs préférences au pauvre monde. Avez-vous perdu mémoire de certaine circulaire de M. Ledru-Rollin, et pensez-vous que M. Guizot et M. Thiers, en leur temps, aient négligé les moyens d'impressionner les élections? Nous autres, nous faisons en dessus ce qu'ils faisaient en dessous, et nous nous assurons du moins sur eux la supériorité de la franchise.

— Monsieur le préfet, vous avez raison contre eux, et j'ai raison contre vous. Je les blâme et je vous blâme ; cependant, je note en passant cette différence entre vous et eux, que les gouvernements dont vous invoquez le mauvais exemple avaient laissé une large marge à la contradiction électorale, si bien que la république elle-même vous a fourni une grande quantité de représentants orléanistes, légitimistes et bonapartistes, — par quoi elle a été étranglée. De bons esprits d'ailleurs, et je n'en suis pas, soutiennent qu'on ne saurait blâmer la mainmise administrative dans les élections, mais c'est, en tout cas, une question de mesure. Le gouvernement, par cela seul qu'il est le gouvernement, attire à lui la plupart des voix des fonctionnaires. Vous voulez qu'il désigne ostensiblement ses candidats ? Soit ; et dès que la désignation est légitime, vous avez raison de la faire ostensible, mais, passé cela, vous devez vous abstenir ; et c'est bien assez, si ce n'est trop. En allant plus loin, en vous servant à tout venant du nom et de la personne de l'Empereur, vous compromettez le souverain ; vous ménagez un petit intérêt et vous en sacrifiez un grand ; sans compter que, quelquefois, les électeurs prennent vos exhortations en mauvaise part et s'en vont tout juste à l'opposé de l'endroit où on les pousse. C'est à un sentiment de ce genre que M. Thiers a dû sa dernière élection. M. de Persigny, habile et zélé comme il sait l'être, a fait placarder sur les murailles de Paris les belles choses que vous connaissez. M. Thiers s'est bien gardé de répondre ; il a donné à l'éloquent ministre une leçon de silence, la plus jolie du monde, et il a été nommé.

— Vos Parisiens sont incorrigibles.

— Ce n'est pas faute d'avoir été corrigés, monsieur le préfet. Mais ce n'est pas tout. Votre système offre encore cet inconvénient, toujours à votre point de vue, que, quand vous échouez, votre insuccès rejaillit directement sur la personne impériale. A la manière dont vos proclamations sont rédigées, on croirait que c'est l'Empereur lui-même qui se présente dans chacune des circonscriptions, si bien qu'en cas d'échec, les mauvais plaisants peuvent dire que c'est lui qui n'est pas nommé.

— Je proteste d'abord contre tout ce que vous venez de débiter...

— Protestez, monsieur le préfet, cela vous est plus aisé qu'à nous.

– Mais en quoi la responsabilité ministérielle modifierait-elle cet état de choses?

— En tout, monsieur le préfet, à la condition qu'elle soit accompagnée de la liberté de la presse. Les ministres, rendus responsables par un décret ou par un plébiscite, peu importe, couvriront immédiatement la personne de l'Empereur, qui ne sera plus mis en cause a toute heure et pour les événements les plus médiocres. Il demeurera responsable, il faut qu'il le soit, mais sa responsabilité deviendra supérieure, comme il sied au chef de l'État. Au-dessous de lui s'agiteront nos minces querelles et nos petites passions, sans que sa sérénité en soit atteinte. Dès que les ministres se sentiront responsables, outre que ce leur sera un grand honneur, ils s'étudieront à ne rien dire, à ne rien écrire, à ne rien faire qui puisse motiver contre eux une accusation d'imprévoyance ou d'arbitraire. La machine gouvernementale sera modifiée comme par miracle.

— C'est détraquée que vous voulez dire.

— Au contraire, j'appelle détraquée une machine dont le mécanisme est capricieux. Or, il n'y a rien de plus capricieux que ce qui est personnel. En régularisant, on ne détraque pas, on consolide. C'est d'ailleurs l'opinion personnelle de l'Empereur, qui, par son décret du 20 novembre 1863, en envoyant aux chambres le ministre d'Etat, a créé un rudiment de responsabilité qui se développe aujourd'hui. Appelez cela comme vous voudrez, il est certain qu'un ministre qui vient défendre ses actes devant les députés du pays est un ministre responsable.

— Mais ne voyez-vous pas que votre système nous conduirait au régime parlementaire, c'est-à-dire à la restauration du bavardage?

— Vous êtes dur pour le régime parlementaire, monsieur le préfet; mais ne voyez-vous pas vous-même que ce que vous traitez de bavardage est une nécessité supérieure a toutes les formes de gouvernement? J'ai les bavards en horreur, autant et plus que vous, parce qu'un bavard est un homme qui parle mal.

— Je vous y prends, vous voulez nous ramener au gouvernement des gens qui parlent bien.

— Ceci est encore une épigramme, monsieur le préfet, et non point une raison. Bien parler ou bien écrire n'est que l'expression de bien penser.

— Et qu'entendez-vous par un homme qui pense bien?

— En thèse générale, j'entends un homme

qui pense comme moi. En politique, c'est autre chose; bien penser et bien dire, c'est exprimer une opinion qui est ou que l'on fait l'opinion de la majorité; mais encore est-il qu'il faut pouvoir remuer la langue. Vous craignez les bavards, vous avez tort, car les bavards sont des sots, et plus vous laissez parler un sot, moins vous lui donnez d'influence. La parole est d'ailleurs parfaitement indépendante, en chacun de nous, de la qualité de l'esprit, et, à côté des sots qui parlent il y a les sots qui ne parlent pas. L'Empereur avait envoyé aux chambres M. Billault qui parlait bien; il y est aujourd'hui représenté par M. Rouher, qui est un avocat de mérite; les choses en vont-elles plus mal? Dites-moi franchement que vous voulez abolir toute discussion, ou accordez-moi que, pour discuter, il faut laisser la liberté de parler et la liberté d'écrire.

— Mais on peut être un très-grand ministre, un très-grand administrateur, un homme très-utile en un mot, et faire une piteuse figure à la tribune.

—Les hommes très-utiles, monsieur le préfet, ne sont jamais aussi piteux que vous dites. Le bien-parler n'est qu'une des qualités de l'homme politique, et non pas la première. Les principes et le caractère passent avant, et sont des instruments d'influence tout à fait supérieurs. Quand la parole s'y joint, vous avez l'homme d'Etat complet, le ministre éloquent et point bavard, mais les bonnes raisons se passent volontiers de belles phrases et se font toujours écouter. Démosthènes fut le plus éloquent des hommes, Phocion avait la parole médiocre et pesante, et cependant Démosthène appelait Phocion la hache de ses discours. Quand Démosthènes sera dans l'opposition, il vous suffira d'avoir Phocion au banc des ministres.

— Mais les Phocion sont encore rares.

— Ce qui est rare, ce n'est pas leur éloquence, c'est leur vertu.

— Vous m'accorderez cependant que le règne du roi Louis-Philippe s'est passé dans des compétitions de portefeuilles entre députés éloquents.

— Ces députés éloquents avaient autre chose que de l'éloquence, croyez-le bien, et je pourrais facilement vous le démontrer; mais il me suffit d'établir que, sous le régime parlementaire, on a pu être premier ministre sans éloquence. M. le duc de Richelieu, M. de Villèle et le maréchal Soult n'ont jamais passé pour des foudres de tribune, et ils n'en exerçaient pas moins une grande autorité dans les assemblées.

— Eh bien, soit! Les ministres parleront, vous parlerez, tout le monde parlera. On va pouvoir abuser du don des langues. L'Empereur vous a fait, en ce sens, de larges concessions; il a peut-être eu raison.

— Ce peut-être, monsieur le préfet, n'est guère respectueux.

— Mais du moins, mauvais plaisant que vous êtes, déclarez-vous satisfait et montrez quelque reconnaissance. Vous savez bien d'ailleurs que ce n'est pas tout, et qu'on va vous restituer le droit de réunion en matière électorale.

— Il en est question, monsieur le préfet, et d'ailleurs restituer me plaît; mais j'ai bien peur qu'il ne s'agisse que d'une restitution partielle.

— Voudriez-vous pas que l'on rouvrît les clubs de 1848?

— Pas le moins du monde, puisque j'argumente au nom de la bourgeoisie, et Dieu sait qu'elle ne va pas si loin; mais encore faudrait-il que la franchise électorale fût entière pendant les vingt jours qui précéderont le vote. Si vous ne l'étendez qu'aux quinze premiers jours, les accusés, — je veux dire les candidats de l'opposition, — ne pourront pas répliquer; et ce sera moins nous rendre libres que nous laisser prisonniers sur parole, à la charge de rentrer en cellule à un moment donné, qui est justement celui où nous aurions le plus besoin d'être dehors.

— Vous avez donc de bien mauvaises raisons à donner aux électeurs, puisque vous craignez que cinq jours ne suffisent à les faire oublier ?

— Non ; mais tandis qu'on nous désarme, l'administration ne désarme pas. Elle demeure compacte et comme en permanence, entourée qu'elle est de ses fonctionnaires, qu'elle n'a d'ailleurs pas besoin de réunir.

— Mais il vous restera toujours la presse pour vous défendre ou plutôt pour nous attaquer. Vous n'ignorez pas que le régime des journaux va être changé, l'autorisation préalable supprimée, les avertissements de même ; vous allez pouvoir noircir du papier à plume que veux-tu, et j'ose espérer que vous accueillerez avec quelque reconnaissance ce couronnement des libéralités impériales.

— Monsieur le préfet, savez-vous bien ce que c'est que la liberté de la presse ?

— Parfaitement : c'est une peste.

— Vos métaphores ont des variations un peu brusques ; vous l'appeliez avec plus de respect le couronnement des libéralités impériales : encore couronnement n'est-il pas le mot propre ; ce qu'il faut dire plutôt, c'est qu'elle est la base de toute dignité et de toute liberté chez les peuples. Avec elle, les plus mauvaises lois ne peuvent guère faire de mal ; sans elle, les meilleures lois ne peuvent faire aucun bien. Trouvez-moi une institution quelconque qui ait ce degré d'utilité. Je vois ce qui vous choque dans la presse : ce sont ses abus, mais la liberté est à ce prix, et la liberté est le premier des biens. Je ne veux pas me répandre en indignations, mais j'ai votre peste sur le cœur. L'argent est une excellente chose en soi, de même que la propriété sous toutes ses formes. Nous voyons cependant de certains drôles en abuser : faut-il s'écrier, à cause de cela, que la propriété est une peste ?

— Non ; mais à ces drôles on donne des conseils judiciaires.

— C'est-à-dire que le 2 Décembre nous a traités en fils de famille. On n'est pas plus aimable, monsieur le préfet. Mais remarquez qu'on ne donne de conseils judiciaires qu'aux prodigues, et par exception, tandis que vous autres, sous prétexte de réprimer l'abus, vous avez supprimé l'usage.

— Vous oubliez toujours le rôle de la presse et les périls auxquels elle a exposé la société en 1848.

— Ces dangers tenaient à d'autres causes ; la presse crée moins l'opinion qu'elle ne la constate. Autant vaudrait vous en prendre au thermomètre de la chaleur ou du froid qu'il fait.

— Mais le régime des avertissements ne supprimait point la presse.

— Pas plus qu'une graduation inexacte ne supprime le thermomètre ; elle le fausse, et c'est encore pis. Ce système a d'ailleurs le double inconvénient de rendre le gouvernement responsable de ce qu'on écrit et de ce qu'on n'écrit pas. Il me semble enfin qu'il est jugé, puisqu'on y renonce.

— Oui, mais si l'on causait souvent avec des gens comme vous, on serait tenté de ne renoncer à rien. Vous ne tenez compte ni des nécessités pour le passé, ni des bonnes intentions pour l'avenir.

— C'est bien assez d'avoir reçu le fouet. Vous ne voudriez pas me contraindre à baiser les verges.

— Toujours est-il que cette liberté précieuse va vous être rendue. Vous pourriez raisonner et déraisonner à foison sur les affaires publiques.

au respect de la loi, bien entendu, et je suis sûr que ce respect va encore vous paraître une entrave.

— Cela dépend de la loi que vous nous ferez.

— On vous fera une loi qui vous donnera des juges. Que désirez-vous de plus ?

— Je désire que ces juges soient des jurés.

— C'est-à-dire des juges qui vous acquittent à tout coup. Grand merci ! Nous irions loin avec des juges de cette espèce-là !

— Permettez, monsieur le préfet ; admettez-vous que les délits de presse soient des délits d'un ordre supérieur, qu'à cause de l'instruction de ceux qui les commettent ils soient particu-lièrement inexcusables, et qu'à raison des con-séquences qu'ils peuvent entraîner ils doivent être l'objet d'une répression plus sévère ?

— Sans doute, et par les motifs que vous en donnez, j'irai jusqu'à dire que ce ne sont pas des délits, mais de véritables crimes.

— Pour la première fois, je veux être de votre avis. Un journaliste qui a mal écrit du souverain, ou des ministres, ou des préfets, ou des maires, ou des dépositaires de l'autorité à un titre quelconque, est quelque chose de pis qu'un banqueroutier ou un escroc, et le moins que nous puissions pour lui c'est de l'assimiler à un faussaire. Qui donc jugera le faussaire ?

— Le jury.

— Et qui jugera le journaliste ?

— Le tribunal de police correctionnelle.

— Vous manquez de logique : l'ordre des juridictions ne peut pas être en raison inverse de la gravité des fautes.

— Mais là où le jury acquitte, le tribunal condamne.

— En ce cas, il faudrait faire juger les crimes par le tribunal et les délits par les jurés, car la société est moins intéressée à la punition de ceux-ci que de ceux-là.

— Ne me poussez donc pas à dire des sottises ; vous savez bien que les délits de presse ont un caractère spécial, que ce sont des délits d'opinion.

— Je vous y attendais. C'est justement parce qu'ils sont des délits d'opinion qu'il faut que l'opinion les juge : or, l'opinion, c'est le jury, ce n'est pas le tribunal. Vous aurez beau mettre en relief la responsabilité de l'écrivain et la gravité des conséquences possibles de ses écrits, vous n'empêcherez pas les honnêtes gens d'avoir des grâces d'Etat pour notre race. Le droit d'écrire se rattache si intimement au droit de penser, que quand on touche à l'un il semble que l'on porte la main sur l'autre, et aussitôt la conscience humaine se révolte. Une nécessité sociale ou politique peut entraîner une condamnation; mais ces sortes de punitions ne sont jamais de celles qui déshonorent, l'erreur d'hier devenant la vérité d'aujourd'hui, et réciproquement, si bien que les jugés passent juges et que la liste des condamnés devient matière à magistrats et à préfets. Je vous citerais mille exemples de ces retours. Le plus simple, en matière de presse, serait peut-être de laisser imprimer tout ce qui s'écrit en politique. Dans les premiers moments on en ressentirait un grand trouble. Puis, comme on se fait à tout, même à la peur, on prendrait son parti de vivre parmi le tapage des journaux, comme on s'habitue à dormir à travers les mille bruits de la ville. Ainsi font les Anglais, ainsi font les Américains, ainsi font les Belges. Ce n'est là qu'une question d'éducation politique, et d'éducation sans péril, quoi qu'on en dise. Mais en attendant que nous en soyons à ce point, et nous en sommes loin, il faut du moins nous habituer à prendre l'opinion pour juge de l'opinion, ce qui revient à dire que le jury seul a qualité pour connaître des procès de presse.

— Mais, jusqu'à ce que nous soyons acclimatés à l'excitation à la haine des citoyens les uns contre les autres, aux attaques contre l'État, contre la religion et autres choses, il faut des condamnations.

— Vous en aurez.

— Le jury ne nous en donnera point.

— C'est une erreur, seulement il ne vous en donnera que le nécessaire. Songez qu'en temps de suffrage universel, le jury est l'image exacte de la nation. Or, quand elle n'a pas peur d'un journal, vous n'avez pas le droit d'avoir peur pour elle. Le pouvoir est chargé de fournir à la société autant de sécurité qu'elle en demande, et rien au delà.

— Pensez-vous sincèrement que les opinions que vous venez d'exprimer soient celles des orléanistes ?

— Très-sincèrement, je crois m'être fait le rapporteur des idées de la classe moyenne, sauf en matière de presse, où, ayant beaucoup moins peur, je vois beaucoup plus loin.

— En ce cas, l'Empereur a mille fois raison de prendre son point d'appui sur la démocratie.

— Mais, monsieur le préfet, la démocratie n'est pas moins exigeante que les classes moyennes en matière de liberté. Elle réclame tout ce que demandent les orléanistes, et quelque chose de plus. C'est en ce point seulement qu'est la différence. Les classes moyennes ne veulent pas du suffrage universel ; elles ont grand tort, même à leur point de vue, car, bon ou mauvais, le suffrage universel est désormais inévitable. Il peut se passer de certains gouvernements, aucun gouvernement ne peut se passer de lui ; essayer d'y porter la main, c'est toucher à la hache. Les orléanistes ne recherchent dans la liberté que ce qui s'accorde avec leur intérêt ; ils la veulent flexible, limitée, désavouable ; ils n'ont pas su encore s'habituer au droit du voisin, quand le voisin n'est pas riche ; et j'en connais plus d'un, parmi les premiers du parti, qui ne regardent la politique que comme l'art de faire adroitement des dupes. La démocratie entend la liberté d'une autre façon ; elle est pour elle le principe souverain, en même temps que le moyen et le but, non-seulement dans les questions politiques, mais dans les questions sociales.

— Vous êtes vraiment bien bon de croire que la démocratie se soucie de la liberté.

— Elle s'en soucie, parce qu'elle sait que si le monde lui appartient, c'est à la condition qu'elle soit libérale et conservatrice, c'est-à-dire qu'elle marche à la recherche ou à la conquête de ses droits, en gardant précisément le trésor commun des libertés publiques.

— Et vous croyez avoir trouvé par la un terme de conciliation entre les ouvriers et les bourgeois?

— Parfaitement.

— C'est la première fois que j'ouis parler d'une entente possible entre les classes moyennes et la démocratie.

— La nécessité nous a fait cette loi. Les démocrates, depuis 1848, n'ont rien oublié, mais ils ont beaucoup appris. Vous n'êtes pas sans avoir voyagé sur le chemin de fer du Centre. On monte en waggon et l'on va d'abord jusqu'a Orléans. Là, le chemin se divise en deux lignes, l'une qui mène à Limoges, l'autre qui conduit à Tours. Ce chemin de fer fait assez bien comprendre ce que je veux vous dire et les rapports qui existent actuellement entre les classes moyennes et la démocratie. Le voyage de Paris à Orléans constitue le trajet commun. A Orléans, la bourgeoisie reste en gare, tandis que nous continuons la route.

— Ce sont autant de rêves et de folies que vous me débitez la, et j'en conclus que l'Empereur a eu le plus grand tort de songer à vous émanciper.

— Émanciper est un mot de négrier, vous auriez dû en chercher un autre ; mais vous ne remarquez pas assez que cette émancipation était obligatoire.

— Comment, obligatoire ! Ne croirait-on pas que vous alliez descendre dans la rue, le fusil à la main ?

— Jamais, monsieur le préfet.

— Sans doute, parce qu'on a macadamisé vos barricades, et que si vous tentiez de sortir de la légalité, on vous y ramènerait tambour battant.

— Pour une tout autre raison, que vous ne paraissez pas soupçonner, et qui n'a certaine-ment pas échappé à Napoléon III. La force ma-térielle n'est pas la seule force du monde. A côté d'elle règne une autre puissance non moins souveraine et qui a nom la force morale.

— Ni l'une ni l'autre n'obligeaient à vous donner des libertés dont vous êtes indignes.

— Pas l'une mais l'autre, monsieur le préfet. Observateur comme vous l'êtes, vous avez dû remarquer, depuis longtemps déjà, l'état d'af-faissement dans lequel était tombé l'esprit pu-blic. Jamais on n'avait vu les âmes si amollies ni si courbées. La jeunesse, déshabituée des grandes passions, qui ne sont pas sans danger, mais qui ne sont pas sans honneur non plus, s'est précipitée vers d'ignobles jouissances d'argent. De généreuse, de laborieuse qu'elle était, elle est devenue spéculatrice, boursière, idiote ; ardente au plaisir, lâche au devoir. Les anciens ont donné l'exemple de toutes les convoitises et de tous les avilissements, le reste a suivi.

— Mais, encore une fois, comprenez donc qu'au point où en étaient venues les choses dans ce pays, il a bien fallu le déshabituer violemment de la politique. On ne vous a enchaînés que parce que vous étiez enragés, on ne vous a mis en prison que parce que vous emplissiez les rues de tapage et qu'on ne pouvait plus vous supporter dehors.

— Fort bien, mais ce traitement a porté ses fruits. Un jour de grande crise est venu. Le pays s'est trouvé en présence de complications extérieures, très-redoutables. La jeune Prusse, forte de toutes les qualités que nous avions perdues, conquérait l'Allemagne en huit jours, et se dressait devant nous victorieuse et menaçante. Il fallut chercher la nation. On la trouva émasculée, pacifique, sans ressort. C'est alors que les vrais politiques comprirent qu'une grande faute avait été commise. Ils se demandèrent, pour continuer votre comparaison, si les chaînes n'avaient pas changé la rage en abrutissement, ils regardèrent par le guichet, et se dirent : N'aurions-nous pas tué le prisonnier? Le prisonnier n'était pas mort, parce que la France ne meurt pas; mais la démonstration était faite, que pour lui rendre sa force morale, sa puissance d'action, il fallait lui restituer la vie politique. L'Empereur a compris à merveille cette nécessité qui vous échappe, et, sans plus attendre, il a commencé son œuvre de redressement.

Un autre motif encore explique que les réformes promises le 19 janvier ne pouvaient pas manquer d'arriver.

— Lequel, s'il vous plaît?

— La nécessité de la transmission dynastique. Vous pensez bien que l'Empereur n'est pas uniquement préoccupé du désir de rendre l'administration commode à MM. les préfets. Ce qui lui importe le plus, c'est de préparer l'avénement de son fils. Or, le Prince Impérial est âgé de onze ans; l'Empereur en a cinquante-neuf. Un pouvoir personnel, tel que celui dont il est revêtu, peut-il se transmettre aisément? Je dirai oui, si vous y tenez ; et à titre d'exemple je vous citerai les Antonins. Vous voyez que je ne fais pas de mauvais compliments à la dynastie napoléonienne ; mais il n'est pas douteux, toutefois, que cette transmission ne soit délicate, quand celui qui en est l'objet n'a pas véritablement l'âge d'homme. Souvenez-vous que Marc Aurèle avait quarante ans lorsqu'il succéda à Antonin le Pieux. Si le pouvoir à transmettre, au lieu d'être principalement personnel, est plutôt constitutionnel et parlementaire, c'est une autre affaire. On se trouve en face d'une machine tout organisée, toute montée, qui continue à fonctionner par la seule force de la vitesse acquise et sans qu'on ait besoin d'y mettre la main ; rien n'est plus facile, en ce cas, que de crier : Le roi est mort, vive le roi ! Dans l'autre situation, la chose est moins simple, et je ne serais pas étonné que l'Empereur, s'en étant aperçu, ait voulu, de longue main, assurer l'envoi en possession du Prince Impérial.

— Ce qui résulte le plus clairement de vos suppositions, c'est que l'Empire est entré dans la voie des réformes libérales. Tâchez d'en savoir quelque gré à l'Empereur et reconnaissez que c'est un bienfait, au moins relatif

— Je le reconnais volontiers ; mais je l'aurais

voulu plus grand, et je me plains de la portion congrue.

— Les gens comme vous, monsieur, sont insatiables, et, en vérité, je ne vois pas où serait le grand mal de les laisser mourir de faim. Ce serait un deuil privé, mais la société y gagnerait, car il n'y a rien de plus haïssable que les hommes qui font profession d'être mécontents de tout, et se montrent également incapables de commander et d'obéir. Je vous mets au défi, avec vos ironies et vos critiques, de formuler un principe de gouvernement qui ait le sens commun.

— Je vous prends au mot, monsieur le préfet, et je brise là de peur de vous irriter. Mon principe de gouvernement, emprunté aux États-Unis d'Amérique, est que les peuples les mieux gouvernés sont ceux qu'on gouverne le moins.

Les cigares étaient finis. Nous rentrâmes au salon, où l'on jouait excellemment un trio de Mozart pour piano, violoncelle et violon. M. le préfet, ramené à des sentiments plus humains par la divine musique, me regardait de temps en temps avec une pitié pleine de bienveillance. Après le morceau, il me dit en riant › « Trouvez-vous que cela ne vaut pas *la Marseillaise?* »

— « Ici, répliquai-je, je trouve que cela vaut infiniment mieux. » Et, sur cette réponse, nous nous quittâmes les meilleurs ennemis du monde.

Clément Laurier.

FIN

Paris — Imprimerie L. Poupart-Davyl, rue du Bac, 30.